Hoe maakt een worm kleintjes?

Anna Claybourne

Biblion Uitgeverij – Uitgeverij Delubas

© Harcourt Education Ltd. 2006
Onder licentie van Capstone Global Library Limited
Oorspronkelijke titel: *Does a worm have a girlfriend? (Fusion Series)*
Redactie: Lucy Thunder en Harriet Milles
Vormgeving: Victoria Bevan en Kamae Design
Beeldredactie: Melissa Allison
Illustraties: Kamae Design

Vertaling: Dorette Zwaans, Textalia
Opmaak Nederlandse editie: Interlink Groep, Oud-Beijerland

Gedrukt in China

Een coproductie met Uitgeverij Delubas

Fotoverantwoording: De auteur en uitgever bedanken voor de gebruikmaking van materialen waar copyright op rust de volgende instanties: Alamy blz. 28-29; Corbis blz. 12-13 (Frank Lane); Corbis/Gallo Images blz. 7, 29 (m); Getty Images/PhotoDisc blz. 21-22; Getty/National Geographic blz. 8; Getty/Stone blz. 26-27; Nature Photo Library blz. 16, 29 (lo) (Phil Savoie); NHPA blz. 23 (George Bernard), 15, 29 (b) (M.I. Walker); Oxford Scientific Films blz. 25 (David M. Dennis); Photolibrary.com blz. 4 (Norbert Rosing); Science Photo Library blz. 25 (Mark Burnett), 17 (Jack K. Clark/Agstock), 18-19, 29 (ro) (Andrew J. Martinez), 5 (Ed Young/Agstock), 11 (Paul Zahl)

Omslagfoto van een regenworm. Overgenomen met toestemming van Ardea/Steve Hopkin.
Er zijn veel inspanningen ten aanzien van de copyrightvermelding verricht. Mochten wij desondanks in gebreke zijn gebleven, gelieve contact op te nemen met de uitgever.
De uitgever dankt Nancy Harris en Harold Pratt voor hun begeleiding tijdens de voorbereidingen van dit boek.

Alle internetadressen waren juist op het moment dat dit boek gedrukt werd.

© 2011 Biblion Uitgeverij, Leidschendam
Alle rechten voorbehouden. Niets uit deze uitgave mag worden verveelvoudigd, opgeslagen in een geautomatiseerd gegevensbestand, of openbaar gemaakt, in enige vorm of op enige wijze, hetzij elektronisch, mechanisch, door fotokopieën, opnamen, of enig andere manier zonder voorafgaande schriftelijke toestemming van de uitgever.

Voor zover het maken van kopieën uit deze uitgave is toegestaan op grond van artikel 16b Auteurswet 1912 j° het Besluit van 20 juni 1974, Stb. 351, zoals gewijzigd bij Besluit van 23 augustus 1985, Stb. 471 en artikel 17 Auteurswet 1912, dient men daarvoor wettelijk verschuldigde vergoedingen te voldoen aan de Stichting Reprorecht (Postbus 3060, 2130 KB Hoofddorp). Voor het overnemen van een of meer compilatiewerken (artikel 16 Auteurswet 1912) dient u zich te richten tot Biblion Uitgeverij, Postbus 437, 2260 AK Leidschendam.

ISBN 978-90-5483-253-9
1800000449
NUR 223

www.nbdbiblion.nl
www.delubas.nl

Inhoud

Dubbelgangers	4
Met z'n tweetjes	6
In je eentje	14
De bloemetjes en de bijtjes	20
Op wie lijk jij?	24
Voortplanting op een rijtje	28
Moeilijke woorden	30
Meer weten?	31
Register	32

Sommige woorden zijn **vet** gedrukt. Wat die betekenen vind je in de woordenlijst op bladzijde 30. Ook vind je ze onder aan de bladzijde waarop ze voor het eerst worden gebruikt.

Dubbelgangers

Waarom lijken baby's op hun ouders?

Cheeta's krijgen kleine cheeta's. Honden krijgen puppy's. Uit een pitje van een sinaasappel groeit een sinaasappelboom. En als een mens een baby krijgt, is die nooit een kat, een kikker of een tomaat. Het is altijd een mens. Waarom eigenlijk?

Cheeta's krijgen altijd kleine cheeta's.

Ieder levend wezen gaat op een dag dood. Daarom willen levende wezens zich **voortplanten**. Anders sterft zijn **soort** uit.

Ieder levend wezen wil **nakomelingen** krijgen. Dat betekent dat er meer dieren of planten van de soort komen. De nakomelingen zijn altijd van dezelfde soort als de ouders.

▲ *Sinaasappels groeien aan een sinaasappelboom. In elke sinaasappel zitten pitjes (**zaden**) die kunnen uitgroeien tot nieuwe sinaasappelbomen.*

nakomelingen	jonkies van planten en dieren en andere levende wezens
soort	groep levende wezens met dezelfde kenmerken
voortplanten	als een levend wezen zorgt dat er meer van zijn soort komen
zaad	deel van een plant waaruit een nieuwe plant groeit

Met z'n tweetjes

Bij het **voortplanten** groeien heel kleine bouwsteentjes van het levend wezen uit tot een nieuw wezen. De deeltjes noem je **cellen**.

Er zijn twee cellen nodig om jongen te maken. Een cel van het vrouwtje: de **eicel**. En een cel van het mannetje: de **zaadcel**.

De meeste dieren komen samen om jongen te maken. Zaadcellen van het mannetje ontmoeten de eicellen van het vrouwtje. De cellen smelten samen. Dan groeien ze uit tot eieren, of het worden meteen **nakomelingen**. Nakomelingen groeien meestal in het lichaam van de moeder. Zwanen leggen eieren. Olifanten **baren** levende jongen.

Als uit twee cellen nakomelingen ontstaan, heet dat **seksuele voortplanting**.

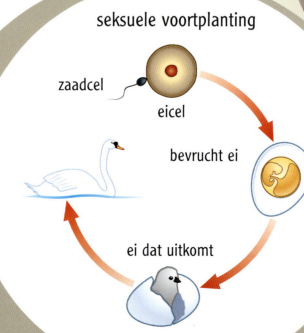

▼ *Bij de meeste levende wezens vormen mannetjes en vrouwtjes een paar. Ze komen samen om baby-olifantjes te maken.*

baren	een levend jong komt uit het lichaam van (meestal) de moeder
cel	kleine bouwsteen waaruit levende wezens zijn opgebouwd
eicel	vrouwelijke cel bij de voortplanting
seksuele voortplanting	wanneer uit een zaadcel en een eicel een jong ontstaat
zaadcel	mannelijke cel bij de voortplanting

Twee haaien die aan het paren zijn.

Paren

De meeste dieren doen erg hun best om een goed maatje te vinden om mee te **paren**. Een mannetjespauw toont zijn prachtige veren. Zo wil hij opvallen bij de vrouwtjespauw. Er zijn ook dieren die een geur verspreiden waarmee ze laten weten dat ze willen paren.

Als een mannetjeshaai een vrouwtje vindt, dan zit hij haar achterna door het water. Hij bijt haar zachtjes in een vin. Zo geeft hij aan dat hij een vrouwtje zoekt.

Dan gaan de haaien paren. Het mannetje laat **zaadcellen** los in het lichaam van het vrouwtje. Het zaad smelt samen met de **eicellen**. Nu kan er een nieuw jong gaan groeien.

Een moederdier is **zwanger** als er een of meer jongen in haar lichaam groeien.

Wist je dit over haaien?

Zandhaaien eten elkaar op in het lichaam van de moeder. Uiteindelijk worden er maar één of twee zandhaaien levend geboren.

---

paren   zorgen dat een eicel en een zaadcel samensmelten, zodat eieren of jongen ontstaan
zwanger   dier dat één of meer jongen in haar lichaam heeft (meestal de moeder)

Papa is zwanger

Vaders zijn toch nooit **zwanger**! Geloof het of niet, maar het gebeurt!

Bij de meeste **soorten** kunnen alleen vrouwtjes jongen krijgen. Maar bij zeepaardjes is dat anders.

Bij zeepaardjes krijgt het mannetje de jonkies. Het vrouwtje legt haar **eicellen** in het lichaam van het mannetje. Hij heeft daarvoor op zijn buik een speciale buidel. De eicellen en de **zaadcellen** smelten samen in de buidel. Ze groeien uit tot eitjes.

Na een tijdje komen de eitjes uit. Papa-zeepaard schiet de jonkies de buidel uit. Ze zwemmen meteen allemaal weg. Een zeepaardje kan wel 300 jonkies per keer krijgen.

Dit papa-zeepaardje is ▶ echt zwanger! De kleintjes groeien in de buidel op zijn buik.

Wist je dit over eitjes?

Het lijkt wel veel ineens: 300 kleine zeepaardjes. Maar het kan meer! De klompvis kan zelfs 300 miljoen eitjes per keer leggen.

Hoe doet een worm het?

Anders! Een regenworm is nooit een mannetje, of een vrouwtje. Een regenworm is een mannetje én een vrouwtje tegelijkertijd!

Maar toch **paren** ook wormen met zijn tweeën. Allebei brengen ze daarbij **zaadcellen** in het lichaam van de ander. In het lichaam van beide wormen smelt het zaad samen met hun **eicellen**. De eicellen van allebei de wormen worden dus **bevrucht**. Gefeliciteerd! Zij zijn samen **zwanger**!

bevrucht een eicel is bevrucht als zij samensmelt met een zaadcel

▼ Deze regenwormen zijn aan het paren. Ze wisselen zaadcellen uit, zodat die met de eicellen kunnen samensmelten. Allebei de wormen leggen eitjes en krijgen jonkies.

Vrouwtje … of mannetje?

De zwartvlek lierstaart keizersvis kan als vrouwtje worden geboren, maar halverwege haar leven veranderen in een mannetje!

In je eentje

De meeste levende wezens doen aan **seksuele voortplanting**. Dit betekent dat **eicellen** en **zaadcellen** samensmelten. Daar groeien dan de **nakomelingen** (jongen) uit. Maar er zijn ook levende wezens die niet hoeven te **paren** voor nakomelingen. Ze maken ze in hun eentje.

Neem bijvoorbeeld een **amoebe**. Een amoebe is zo klein dat je hem alleen door een **microscoop** kunt zien. Het is een eenvoudig organisme dat maar uit één cel bestaat. Hij kan geen cel afgeven aan een ander van zijn soort.

Een amoebe die zich wil **voortplanten** deelt zichzelf gewoon in tweeën. Beide delen worden een nieuwe amoebe. Die nieuwe amoeben delen zich ook weer en dat worden ook weer twee nieuwe.

Amoeben planten zich in hun eentje voort. Ze hebben daar niemand bij nodig. Dit heet **aseksuele voortplanting.**

Hier zie je een amoebe onder ▶ de microscoop. Een amoebe kan zichzelf in tweeën delen. Zo maakt hij een nieuwe amoebe.

---

amoebe — eenvoudig organisme dat uit één cel bestaat
aseksuele voortplanting — nakomelingen maken in je eentje
microscoop — apparaat waardoor je dingen groter ziet dan ze zijn

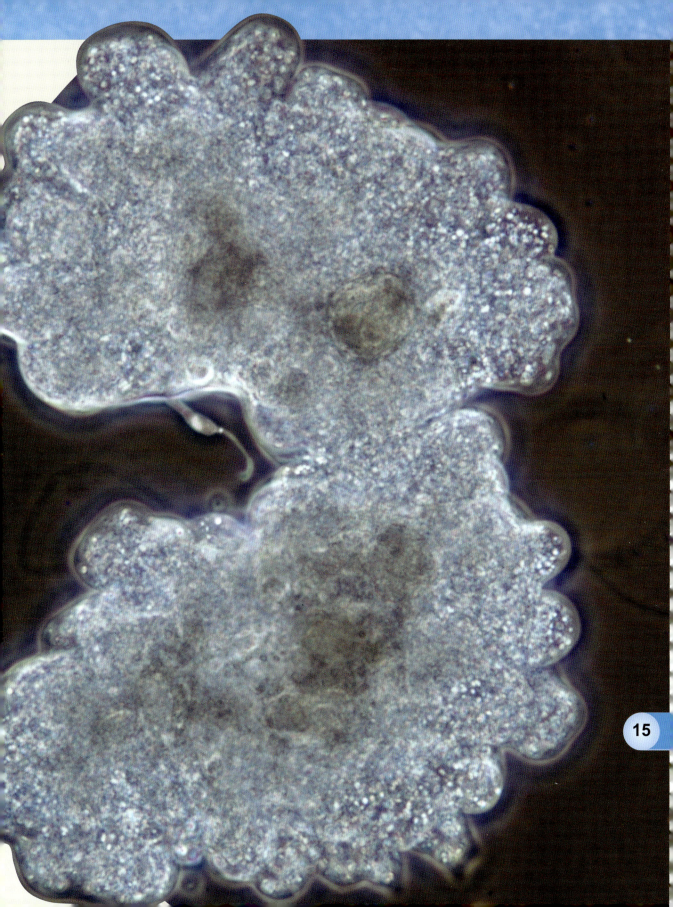

Zweepstaart-hagedissen zijn altijd vrouwtjes.

De dames hagedis

Zweepstaarthagedissen hebben maar één geslacht. Het zijn altijd vrouwtjes.

Iedere hagedis van deze **soort** legt eieren waar weer vrouwelijke hagedissen uitkomen. Deze manier van **voortplanten** heet **parthenogenese**. Het is een bijzondere vorm van **aseksuele voortplanting**.
Er is maar één ouder nodig om de jongen te maken. Mannetjes zijn niet nodig!
Gelukkig maar, want er zijn geen mannetjes!

Waarom paart zo'n hagedis dan niet gewoon met een hagedis van een andere soort? Zo werkt het niet. Een dier kan alleen **paren** met een dier van zijn eigen soort. Er zijn geen mannelijke zweepstaarthagedissen, dus de vrouwtjes paren niet.

Luizen

Sommige insecten, zoals bladluizen, doen ook aan parthenogenese.

parthenogenese nakomelingen krijgen uit eieren, zonder eerst te paren

Waar is mijn arm?

Bij een zeester breekt wel eens een arm af. Wat jammer, zul je denken. Nee, hoor! Want de arm groeit gewoon uit tot een nieuwe zeester. Hij krijgt een mond en nog vier nieuwe armen. Klaar is de nieuwe zeester! En de arme zeester zonder arm? Die krijgt een nieuwe arm. Zo zijn ze allebei compleet. Eerst had je er één, nu heb je er twee.

Deze manier van **voortplanten** heet **regeneratie**. Het is een vorm van **aseksuele voortplanting**. Want er is maar één ouder nodig.

Zeesterren doen ook aan **seksuele voortplanting**. Mannetjes en vrouwtjes laten hun **cellen** dan los in het zeewater. Soms komen die cellen elkaar dan tegen. En als ze samensmelten, groeien er nieuwe zeesterren uit.

Wist je dit over wormen?

Platwormen, een soort worm, doen ook aan regeneratie. Als je een platworm in tien stukjes snijdt, dan krijg je tien nieuwe platwormen.

regeneratie nakomelingen maken uit een afgebroken lichaamsdeel

▼ Deze zeester is ontstaan uit een afgebroken arm van een andere zeester.

De bloemetjes en de bijtjes

Ook planten en bloemen planten zich voort doordat mannelijke en vrouwelijke **cellen** samensmelten. Kijk maar eens naar de klaproos. Er groeien **zaadjes** in de bloem, die weer kunnen uitgroeien tot nieuwe klaprozen.

Maar hoe komen de mannelijke en vrouwelijke cellen samen? Planten kunnen niet op zoek naar een maatje, want ze zitten in de grond vast.

Het antwoord is: door **bestuiving**. Bijen en hommels gaan op de klaproos zitten om te eten. De mannelijke cellen van de plant, het **stuifmeel**, blijft aan hun pootjes kleven. Als de hommel naar een andere klaproos gaat, laat hij daar wat stuifmeel achter. Zo komt het stuifmeel bij de vrouwelijke cellen van de volgende plant. Die worden **bevrucht** en de cellen groeien uit tot zaad. Andere planten gebruiken de wind om zich voort te planten. De wind voert het stuifmeel mee. Het stuifmeel kan zo op een andere plant terechtkomen.

Wist je dit over stuifmeel?

*Stuifmeel kan alleen planten van dezelfde **soort** bevruchten. Als het stuifmeel op een bloem van een andere soort terechtkomt, gebeurt er niets. Er komt geen nieuw zaad.*

bestuiving mannelijk stuifmeel komt terecht op de vrouwelijke cellen van een andere plant
stuifmeel mannelijke cellen van een plant, stuifmeel is een geel poeder

helmknop (met mannelijke cellen)

stuifmeel

vruchtbeginsel (met vrouwelijke cellen)

eicel

Zaaddoos

Klaproos

De voortplanting van planten ▲ gaat via hun bloemen. Na de bevruchting, wordt in de bloemen nieuw zaad aangemaakt. Uit het zaad groeit een nieuwe plant.

De aardbeien rukken op!

Laat een aardbeiplant nooit zijn gang gaan. Voor je het weet pikt hij je hele tuin in!

Een aardbeiplant heeft **uitlopers**, waar nieuwe planten uit groeien. De uitlopers groeien horizontaal over de grond. Ze krijgen wortels en worden dan nieuwe aardbeiplanten. Als ze groot genoeg zijn, maken ze zich los van de moederplant. De aardbeiplant kruipt de hele tuin door om nieuwe plantjes te maken.

Uit één aardbeiplant kunnen zo heel wat nieuwe plantjes groeien. De aardbei plant zich in zijn eentje voort. Dit is **aseksuele voortplanting**.

Nog meer aardbeien!

*Aardbeien kunnen zich ook door **seksuele voortplanting** vermeerderen. **Stuifmeel** van de aardbeibloemen smelt dan samen met een eicel van een andere aardbeibloem. Die wordt **bevrucht**. En er wordt zaad gevormd. Kijk maar eens naar een verse aardbei. Je ziet het zaad duidelijk zitten.*

uitloper   steeltje aan een plant dat horizontaal groeit, wortelt en een nieuwe plant wordt

▼ Deze aardbeiplant heeft uitlopers die uitgroeien tot nieuwe planten. Zo kruipt hij de hele tuin door.

uitloper

Op wie lijk jij?

Levende wezens geven hun specifieke kenmerken door aan hun **nakomelingen**. Ook mensen doen dat.

Bekijk je oorlelletjes maar eens in de spiegel. Zijn ze los van je hoofd? Of zitten ze vast? Het wordt bepaald door je **genen**.

De genen zijn de handleiding van de **cellen** van levende wezens. Ze beschrijven wat de cellen moeten doen en hoe ze eruit moeten zien.

De genen maken dat nakomelingen op hun ouders lijken. Beide ouders geven namelijk kopieën van hun eigen genen door aan de nieuwe baby. De genen zitten in de zaadcellen en de eicellen. De baby krijgt de genen van beide ouders door elkaar. Een beetje van vader en een beetje van moeder.

Ouders geven hun eigen genen door. En daarom is hun jong van dezelfde **soort** als zijzelf. Jongen lijken op hun vader en moeder. Toch heeft elk jong zijn eigen, specifieke patroon van genen.

genen   handleiding van cellen die beschrijven wat een cel moet doen en hoe hij eruit moet zien

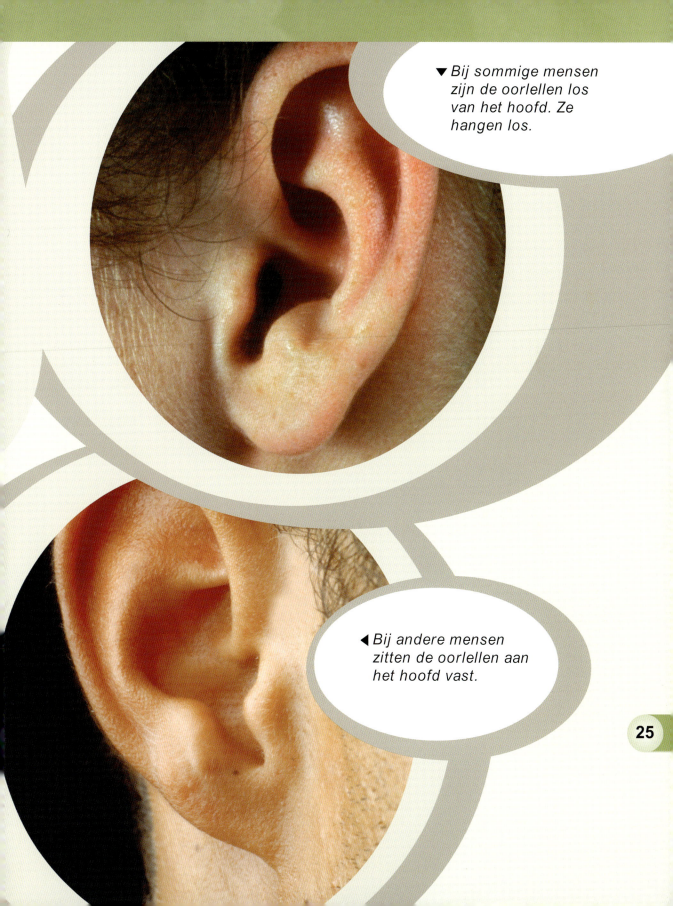

▼ *Bij sommige mensen zijn de oorlellen los van het hoofd. Ze hangen los.*

◀ *Bij andere mensen zitten de oorlellen aan het hoofd vast.*

Je genen bepalen of je ▲ ergens van nature goed in bent. Maar je kunt altijd bij leren en nóg beter worden!

Wie ben ik?

Nu weet je dus waarom je een mens bent. Je had geen keus! Sinds duizenden jaren krijgen mensen mensenkinderen. De mensenkinderen worden groot en krijgen ook weer mensenkinderen. En zo gaat het verder.

Amoeben, zeepaardjes, haaien, hagedissen en aardbeien doen intussen precies hetzelfde. Ook zij geven hun **cellen** en **genen** door. Zo zorgen ook zij ervoor dat hun **soort** niet uitsterft.

Niet alleen je genen, maar ook je omgeving en de dingen die je meemaakt bepalen wie je wordt. Als je gezond eet, word je bijvoorbeeld sterk. Als je traint, word je beter in sport. Als je goed leert, weet je meer.

Je talenten staan vast, maar jij bepaalt zélf hoe goed je ze ontwikkelt!

Voortplanting op een rijtje

Vormen van voortplanting

Seksuele voortplanting

Dieren
Een mannetje en een vrouwtje **paren**. De **zaadcellen** en de **eicellen** smelten samen. Zo ontstaat een jonkie, of een ei waaruit een nakomeling kruipt.

Planten
Een plant maakt mannelijk **stuifmeel**. De wind of insecten brengen het stuifmeel naar een andere plant. Daar smelt het samen met vrouwelijke **cellen**. Dan ontstaat **zaad** waar nieuwe planten uit kunnen groeien.

Aseksuele voortplanting

Deling
Een levend wezen deelt zich in tweeën om een nieuw levend wezen te maken.

Regeneratie
Een deel van een levend wezen breekt af en groeit uit tot een nieuw levend wezen.

Parthenogenese
Een vrouwtje legt eitjes zonder te paren of cellen uit te wisselen.

Uitloper
Een plant maakt **uitlopers** die horizontaal groeien, wortelen en nieuwe planten vormen.

Test je kennis

Weet jij nog hoe deze levende wezens zich **voortplanten**?
Kies uit seksueel of aseksueel.

A. Klaproos

B. Amoebe

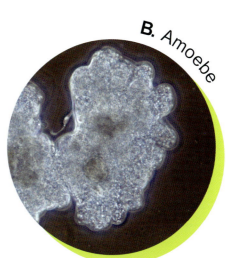

C. Olifant

D. Zeester

E. Zweepstaarthagedis

Antwoorden

A. Seksueel (plant)
B. Aseksueel (deling)
C. Seksueel (dier)
D. Seksueel (dier) en aseksueel (regeneratie)
E. Aseksueel (parthenogenese)

Moeilijke woorden

amoebe eenvoudig organisme dat uit één cel bestaat. Amoeben zijn zo klein dat je ze alleen door een microscoop kunt zien.

aseksuele voortplanting nakomelingen uit één ouder. Amoeben planten zich zo voort. Aardbeien kunnen het ook.

bestuiving mannelijk stuifmeel komt terecht op de vrouwelijke cellen van een andere plant. Stuifmeel wordt door insecten of door de wind van bloem naar bloem gebracht.

bevrucht een eicel wordt bevrucht als zij samensmelt met een zaadcel.

cel heel klein bouwsteentje waaruit levende wezens zijn opgebouwd. Sommige levende wezens hebben miljarden cellen. Andere hebben er maar één.

eicel vrouwelijke cel bij de voortplanting. Als dieren paren, smelten eicellen samen met zaadcellen.

genen handleiding van cellen die vertellen wat een cel moet doen en hoe hij eruit moet zien. Je ouders geven hun genen aan je door.

microscoop apparaat waarmee je dingen groter ziet dan ze zijn.

nakomelingen jonkies van planten, dieren en andere levende wezens. Een welp is de nakomeling van een wolf.

paren zorgen dat een eicel en een zaadcel samensmelten, zodat eieren of jongen ontstaan. De meeste dieren moeten paren om voor nakomelingen te zorgen.

parthenogenese nakomelingen krijgen uit eieren, zonder eerst te paren.

regeneratie nakomelingen maken uit een afgebroken lichaamsdeel. Zeesterren en platwormen kunnen zich zo voortplanten.

seksuele voortplanting wanneer uit een mannelijke en een vrouwelijke cel een jong ontstaat. De meeste dieren planten zich voort door te paren.

soort groep levende wezens met dezelfde kenmerken, die met elkaar kunnen voortplanten. Elke soort heeft een naam. Jongen behoren altijd tot dezelfde soort als hun ouders.

stuifmeel mannelijke plantencellen. Het is een soort geel poeder.

uitloper scheut die kan uitgroeien tot een nieuwe plant. Aardbeiplanten hebben uitlopers.

voortplanten als een levend wezen zorgt dat er meer stuks komen van zijn soort. Alle levende wezens planten zich voort om niet uit te sterven.

zaadcel mannelijke cel bij de voortplanting. Als dieren paren, smelten zaadcellen en eicellen samen.

zaad deel van een plant dat uitgroeit tot een nieuwe plant. De pitjes in het klokhuis van een appel is zaad.

zwanger dier dat één of meer jongen in haar lichaam heeft. Bij de meeste soorten kan alleen het moederdier zwanger worden.

Meer weten?

Boeken

- *Plant je voort!*, Jelle Reumer, Uitgeverij Contact, 2003
- *Wie komt er uit een ei?*, Monika Lange, Cyclone, 2007
- *Wild verliefd*, Ditte Merle, House of Books, 2009

Websites

- www.schoolbieb.nl zoeken op voortplanting
- www.jeugdbieb.nl zoeken op voortplanting
- www.jeugdbib.be voor boektitels en links

Wat is dat groene dons op je brood?
Dat kom je te weten in **Wat rot!**

Hoe kan het dat kakkerlakken en walvissen op elkaar lijken? Lees **Dierengeheimen** en jij weet het ook!

Register

aardbeiplanten 22-23, 27
amoeben 14-15, 27
aseksuele voortplanting 14, 17-18, 22, 28

bevrucht 12, 20,22
bladluizen 17

cellen 6-7, 9-10, 12-14, 18, 20-22, 24, 27-28
cheeta's 4

eicellen 6-7, 9, 10, 12, 28
eieren 6, 10, 12-13, 17, 28

genen 24, 26-27

haaien 8-9, 27
hagedissen 16-17, 27

keizersvis 13
klompvis 10

levende jongen 6

mensen 4, 24-27

nakomelingen 5-6, 14, 24, 28

olifanten 6-7
oorlellen 24-25

paren 8-9, 13-14, 17, 22, 28
parthenogenese 17, 28
pauwen 9
planten 20-23, 28
platwormen 18

regeneratie 18, 28

seksuele voortplanting 6-7, 14, 18, 28
sinaasappels 4-5
soort 5, 10, 17, 20, 24, 27
splitsen 14, 28
stuifmeel 20-21, 28

uitlopers 22-23, 28

voortplanting 5-6, 9-10, 12, 14, 17-18, 20, 24, 28

wormen 12-13, 18

zaadcellen 6-7, 9, 10, 12, 28
zaadjes 5, 20-21, 28
zeepaardjes 10-11, 27
zeesterren 18-19
zwanger 9-10,12